세 글 자

김 선 옥 제4시집

세 글 자

도서출판 **예인**

■저자의 말

  이 세상에 쉬운 것은 아무것도 없다.
그중에서도 모두가 공감하는 시를 쓴다는 건 어쩌면 고행일지도 모른다.

  생각 없이 문학에 뛰어들어 이번에 4집을 상재하면서 글을 쓰는 것도 어렵지만 부족한 글을 세상에 내놓는다는 것은 더 어렵다는 것을 잘 알기 때문이리라.

  나는 글쟁이는 아닌 것 같다. 쓰면 쓸수록 어렵다는 생각이 들기 때문이다.
주사위를 던지는 순간 따끔한 매질이 기다리고 있다.

  앞으로 얼마나 더 글을 쓸지는 나도 모르지만, 더 좋은 글을 쓸 것을 자신에게 다짐해 본다.

  지금까지 용기를 심어준 우리 가족과 내가 믿는 하나님의 은혜라 생각하며 4집을 출판하게 됨을 감사드린다.

2016년 9월 20일
- 강화도 혈구산 아랫마을에서 -

■차례

저자의 말 5

제1부 부추를 자르다

다솔사에서	13
다솔사와 김동리	14
오지항아리	15
엄마의 마음은	16
완도의 밤	18
파꽃	19
부추를 자르다	20
세 글자	21
성묘길에서	22
케어쿤 초등학교를 방문하다	23
오월	24
덩굴	25
소망	26
봄	27
홍시	28
물오리	29
이제 알 것 같습니다	30
파도	32

제2부 흐린 날엔 가끔 그곳에 간다

애인이 셋 있는 여자	35
해당화 피다	36
노을	37
그 여자	38
안개	39
당신의 매력	40
연서	42
눈	43
눈밭에서	44
가을 연가 2	45
가을을 맞이하며	46
편지	47
흐린 날엔 가끔 그곳에 간다	48
명화그리기	50
낙엽 3	51
그리움 2	52
그리움 3	53
그리움 4	54
그리움 5	55

제3부 모래톱에 쓴 편지

먹고 갈래 지고 갈래	59
이름표	60
초피산	62
교동도 개통하다	63
말, 말, 말	64
허무	65
이동식 화장실	66
수탉의 자존심	67
거북이의 고백	68
모과	69
순풍산부인과	70
가는 여름	71
석탑이 말하다	72
모래톱에 쓴 편지	74
소나기 2	75
장마	76
산책을 하며	77
새해는요	78
까치 설날의 방앗간 풍경	80

제4부 그렇더이다

씨 오쟁이	…………………	83
핏줄	…………………	84
가랑잎	…………………	85
세월아	…………………	86
공(空)	…………………	87
공(空) 2	…………………	88
나무 젓가락의 변(辯)	…………………	89
그렇더이다	…………………	90
노부부	…………………	91
비밀	…………………	92
지움	…………………	93
가을 타는 여심	…………………	94
빨래의 변(辯)	…………………	95
채무자의 양심	…………………	96
늙은 호박의 독백	…………………	98
보길도	…………………	100
백목련	…………………	102

제5부 그럼에도 불구하고

강화 돈대	…………	105
새해를 맞이하며	…………	106
선풍기	…………	107
또다시	…………	108
돌의 항변	…………	109
장산호수	…………	110
여름을 보내다	…………	111
소쩍새 우는데	…………	112
팽목 바다	…………	113
천안함 앞에서	…………	114
이런 詩를 쓰고 싶다	…………	115
소록도에서	…………	116
그래 봤으면	…………	118
필의 고백	…………	120
자갈치 아지매	…………	121
보홀 바다에서	…………	122
명시를 만나다	…………	124
그럼에도 불구하고	…………	125

제1부

부추를 자르다

다솔사에서 * 12
다솔사와 김동리 * 14
오지항아리 * 15
엄마의 마음은 * 16
완도의 밤 * 18
파꽃 * 19
부추를 자르다 * 20
세 글자 * 21
성묘 길에서 * 22

케어쿤 초등학교를
　방문하다 * 23
오월 * 24
덩굴 * 25
소망 * 26
봄 * 27
홍시 * 28
물오리 * 29
이제 알 것 같습니다 * 30
파도 * 32

다솔사에서

바람마저 숨죽인 듯
천년고찰 변방 고송도
아픔의 강점기 안고 등 굽어 있다

등신불의 산실 안심료
영원히 꺼지지 않는 불씨 되어
찾아오는 이 가슴을 밝힌다

서책을 펼친 것처럼
앞마당에 즐비하게 누워있는
아기 단풍잎

임도 가고 세월도 흘러가고
영원한 것 없지만
김동리 이름 석 자
민족의 얼이 되어 빛으로 남으니

다솔사와 김동리

필, 하나로 어딘들 못 가고
무엇인들 못 하리

잠시 인연 접고
심심산골 다솔사 안심료에 앉아서도
천 리를 달려 만 리를 내다본
임 찾아왔는데

바람 소리만 들릴 뿐 보이질 않아
뒤돌아서려는데
가슴에서 울림으로 들려오는
임의 목소리

오지항아리

배꼽이 툭 튀어나온
일곱 살배기 순배는
불룩한 배
거무튀튀한 얼굴
헐렁한 바지에 띠를 둘렀다

폐허 한구석
세월이 가도 주문에 걸린 듯
지킴이처럼 앉아 있는 그 곁에
숨바꼭질하던 누이
엄마의 하얀 앞치마도
주름이 파인 할머니의 얼굴도
보인다

엄마의 마음은

맥도 잡히지 않아
언제 꺼질지도 모르는
한 가닥 실뿌리만 남았다

딸이 온다는 기별 받고
보이지 않는 눈으로
미역도 담가 놓았다

"엄마 나 왔어."
"응"
꼭 잡는 따뜻한 손

"이제 실버타운으로 가야겠다."
가슴이 덜컥 내려앉는다
아직은 아니라고 뇌이지만
쓸쓸하다

자청하는 신 고려장
토닥거리는 卒壽의 손길

가슴이 먹먹하다
불효여 식 용서하지 마세요
엄마, 사랑합니다

※卒壽(졸수):90세를 이르는 말

완도의 밤

봄바람 난 시인 몇몇
달려간 땅의 끝, 완도
때마침 봄비 내려
시인들의 마음을 훔친다

칠흑 같은 어둠을 타고
만취한 취객의 흥얼거림과도 같이
들려오는 파도 소리
휘모리장단 맞춘다

시인들도 덩달아 흥에 취하고
시(詩)에 취하니
시, 꽃처럼
옹알이로 피어나는 밤이다

파꽃

매운 시집살이
거친 비바람에 나뭇가지 흔들리 듯
휘청거릴 때도 있었다

향수처럼
몸에 배도록 파밭에서
살아온 엄마

휘어 놓은 분재처럼
굽어진 등줄기 위로
어느새
피워 올린 하얀

꽃
한
송
이

부추를 자르다

코흘리개 7살 때
까치집 지은 것 같은 부스스한 머리
무성한 숲을 이루면
양지쪽 낡은 의자에 앉힌 채
전정하듯 엄마 손길에
이마엔 반달이 뜨고, 금세
뒷동산엔 초승달이 걸렸었지
참빗으로 빗어 가지런히 내리고
방울 단 강아지처럼 뛰어다닌
단발머리 그 아이
부추밭에 앉아 있다

세 글자

어머니라는
세 글자는
하늘이 내려준 보석 같은 언어

하여,
해독 못하는
평생 암호

그래서
어머니란 말은
이 땅에서는
풀지 못해
허기짐만 더해가는
딜레마

성묘길에서

솔 안 마을 내 고향 아버지 집 가는 길
서해안 고속도로를 한참 지나
송산 ic를 미끄러져 나가면
정월 대보름 달에 1년 농사 기원하셨던 동산에
아예 터를 잡으시고 정월 대보름에 이사하셨다

1년에 한두 번 내딛는 발걸음
소나무가 빽빽한 좁은 길
굴참나무 마른 잎
밭은기침 소리로 끌어안긴다

황토집 군데군데 금이 간
꼭 닫혀 있는 문
바람이 지나가며 흔드는데도
밤이 이슥하도록 자식들을 기다리셨는지
곤한 잠 드셨다. 아버지 깨실까 봐
문 앞에서 공손히 술잔을 올리며 머리를 조아린다.

케어쿤 초등학교를 방문하다

끝없이 끓어오르는 욕망이
멈춰지는 자연의 땅
에덴동산 같은
지구 위에 마지막, 마음의 안식처
하나님과 인간의 중간 영역, 라오스

아이들의 눈빛은
캄캄한 밤의 반딧불이

문명의 불빛보다
더 밝은
샛별들의 집합소
케어쿤 어린이는
라오스를 밝히는 새벽별

오월

찔레꽃 흐드러지게 핀
숲길 가장자리
바람처럼 떠난 그 사람
향기로 온다

그 날의 소쩍새 울음
아스라이 들리고

오월은
그 사람처럼 가는데
아직도 꿈꾸고 있는
소녀의 연두빛

덩굴

멈출 수 없다
길을 막아도 어림없다
오로지 한 곳을 향해 나갈 뿐이다

길을 막는 이 칭칭 감아 놓고
한결같이 멈춰 서지도
주저하지도 않는

거친 바람에 손이 잘리고
허리가 휘어져도
물러서지 않는 배짱

저렇게 기어오르는 것들은
배알이 있다
뚝심의 아버지처럼
끝장을 보고야 마는

소망

삶에 쫓겨 마음 줄이 팽팽하거나
요즘처럼 어수선한 세상일 때
요동치는 마음도 잠재워줄 만한

엄동설한에 따끈한 국밥같이
가슴이 따뜻해지고
한여름에 갈증을 풀어주는
냉수처럼

레몬차 맛 같은
말하자면 산 넘어 불어오는
산들바람 같은
뻥 뚫리는 샘물의 원천 같은
그런 시집 한 권이라면.

봄

아지랑이
에돌아 간 자리마다
생명이 잉태하고
연둣빛으로 물드는
천지

바람이 지나간 자리마다
초록물결의 홍수가 범람 한다

홍시

냉동고에서 꺼낸
홍시

한 입 물면

춘
하
추
동

물오리

무슨 사연 일까?

하늘 저편까지
펼쳐진 호수에
은빛 방석 깔아 놓고
물수제비로 수놓으며
쉼 없이 자맥질하다
호수를 들어 올릴 듯
물구나무서며
저리도 발버둥 칠까

달그림자 서산에 기우는데

이젠 알 것 같습니다

그대 생각만 해도
가슴 설레며 보고 싶다
생각할 때가 있었습니다

그대와 함께라면
무인도에 갇혀도 상관없다
생각할 때도 있었습니다

그대와 둘이라면
하늘 끝까지 걸어서 간대도
행복할 거라
생각할 때가 있었습니다

그대와 같이 라면
검푸른 바다에 일엽편주도
두렵지 않을 거라
생각할 때가 있었습니다

사랑이 그렇게
좋았던 날들이라 해도
흐르는 물처럼
영원히 머물 수 없는 이유를
이젠 알 것 같습니다

파도

스르르
갓 난 아가처럼
배밀이 연습 중이다

싸아,
공깃돌 굴리는
천의 소리

쉼표, 마침표
높낮이 조절하며
발레 맹연습 중이다

제2부

흐린 날엔 가끔 그곳에 간다

애인이 셋 있는 여자 * 35
해당화 피다 * 36
노을 * 37
그 여자 * 38
안개 * 39
당신의 매력 * 40
연서 * 42
눈 * 43
눈밭에서 * 44
가을 연가 2 * 45
가을을 맞이하며 * 46
편지 * 47
흐린 날엔 가끔
그곳에 간다 * 48
명화 그리기 * 50
낙엽 3 * 51
그리움 2 * 52
그리움 3 * 53
그리움 4 * 54
그리움 5 * 55

애인 셋 있는 여자

용광로처럼
사랑이 식을 줄 모르는
태양 같은

주문을 외우다
신전을 기웃거리며
품속으로 파고드는
달빛 같은

우뚝 솟은 쌍산 봉우리에서
나오는 신선한 샘물을
늘 그리워하는

다른 이름을 가진
남자 셋을 곁에 두고
저울질하며 세 남자를
사랑하는 여자

해당화 피다

가시를 그저 만졌을 뿐인데
손가락에 붉게 물들었다

붕새처럼
긴 팔 벌리고 달려온 파도
꽃 멀미하게 하고
모래톱에 써 놓은
편지, 지우며 갔다

나, 울었던가
돌아섰던가

노을

그녀가
황금빛 속옷 자락을 끌며
침실로 들어간다

발가벗을수록 눈부시다

그 여자

오규원 작가는
한 잎의 여자라는 시에서
물푸레 같은 여자라 했던가?

세쿼이아 나무처럼
다리가 길고
구절초 같이 청초한 여자

팍팍한 삶에 윤활유 같은
가을 하늘 아래
홍시 같은 여자여서
영원한 느낌표로 다가오는

오늘 같이 좋은 날
옛정을 만난 것처럼
수다 떨며 함께 걷고 싶은
그 여자

안개

아슴푸레한 그리움이라 하자

잡힐 것 같아 쫓아가면
몸을 숨기는
꿈속에 그대

가까이 가면 달아나고
뒤돌아서면
쫓아오는 내 사랑

당신의 매력

내일보다는 오늘에 충실하고
자신을 비워 타인에게 채워주는
털털한 성격 같으면서도
섬세한 배려에 다시 한번
뒤돌아보게 하는

좌절해 실망하고 있기보다는
밤하늘의 별보다도 더 찬란하게
빛날 수 있다고 용기를 갖는
넉넉한 가슴으로 오히려
낙심하는 이 도닥여주는

딱 꼬집어 말할 순 없지만
그렇다고 아니라 할 수도 없이
보면 볼수록 수수한

곁에 많은 사람 있지만
당신에게 마음이 가는 것은
이런 매력이 있기 때문입니다.

연서(戀書)

옥수수알처럼 가지런한
뽀얀 이가 유난히 눈 안에
들어왔다 하였지

지금도 풋풋함으로
내 마음에 있다

호숫가에 버들잎 흔들림도
삼단 같은 머리 찰랑거리는 모습 같다며
매만지던 생각이 나서
멧 버들가지 꺾어 강물에 띄워 보낸다

눈

이팝 꽃잎
흩뿌리는 것 같은
수천수만 마리의
나비 떼

잡힐 듯
안길 듯
가슴에 맴돌던
그리움처럼
켜켜이 쌓여간다

눈밭에서

저 언덕에서
걸어올 것 같은
눈에 밟히는
이름 하나

퍼포먼스로
숫눈에 쓰고 싶은

사
랑
해
라
는

말

가을 연가 2

눈 안에 들어온 너

가슴에 가득
문신처럼
그려 넣기도 전에
고개를 떨구는 너를 보며
금방 알았어야 했지

오래 머물 수 없다는 걸

가을을 맞이하며

너였니
창가에 서성이던 게
가슴 두근거릴 때부터 알았지
잊지 않고 올 거라는 걸

사뭇, 벅차오르는 것 또한
양떼를 몰고 오는
꽃구름 때문만은
아니라는 걸

대추알
탱글탱글 가을을 엮어가며
은하수에 푸른 잎 헹굴 때부터
기다리고 있었다

편지(가을에게)

풍성함으로 채워주는데
마음은 텅 빈 곳간
절절한 그리움으로
밤 지새우게 하니 야속합니다.

그대가 곁에 있어도
허한 가슴 채워지지 않아
어디론가 훌쩍 떠나고 싶은
까닭을 아시나요?

연년이 가슴에 새겨 놓은
핏빛 그리움 어찌하라고
지워낼 만하면 또다시
마음을 앗아가는
까닭을 모르겠습니다

흐린 날엔 가끔 그곳에 간다

안개 가르고
신선한 새벽을 여는 아침
황금 물감을 풀어놓은
석모도 바다

뱃길 따라온 외포리갈매기가
너럭바위에 새겨 넣은
꼼실대는 발자국은
눈썹바위 자비의 불상 앞에 놓은
아침 예불

허접스러운 것들
쉬임 없이 씻어내는 석모도 바다
거친 숨결 고르며
검푸른 갯벌을 게워내는데

마음이 흐린 날에는
천 년 고찰 보문사
눈썹바위에 새겨진
기억의 틈새로 엉금엉금 기어
그곳에 간다

명화 그리기

무명 화가
대작을 꿈꾸며 이젤을 걸머지고
여기저기 발길 멈칫
가파른 산 한쪽에 자리 잡고
그림을 그리기 시작하는데

아플 싸!

하늬바람 불어와
이젤과 물감 통을 쏟아버렸다
손쓸 겨를도 없이
온 산 주홍 빛깔로 물들어
몰려온 상춘객
넋 놓고 바라보고 있다

낙엽 3

병색 짙은 얼굴
보이기 싫어
두루마리로 말아 감추는 걸까

무서리 내린 아침
잠시 묵상하더니
걸친 옷 버거운 듯
훌훌 벗어던지며
가을바람 따라 갔다

풍미한 세상 미련 없이

그리움 2

강물에
쪽배처럼
흘러가는 꽃잎 하나

조각구름 한 점
들러리 세우고
어딜 가시나

그대
하 그리워
벙그는 마음
살짝
얹어 보낼까

그리움 3

산비탈 언덕배기
밭갈이하는 누렁이에게서
할머니를 보았다.

이른 새벽 쇠죽 쑤는 것으로
하루를 시작한 할머니
저물녘에 버거운 삶 끌고 온
누렁이 등 쓰다듬으며
그제야
하루를 내려놓으셨던 할머니

할머니는 가셨지만
왕방울만 한
두 눈 속에
빙그레 웃고 계신다.

그리움 4

어깨에 둘러 맨
빈 도시락 달각 거리며
어젯밤에도
달려오던 혁아

너를 만날 땐 언제나
4학년 2반인데
머리엔 하얀 눈이 내린다

오늘 밤
바람개비 돌리던 동산에서
만나고 싶다

그리움 5

시도 때도 없이
아릿한
가슴의 통증
토악질 못해 뒤척이는데
휘파람 불던 바람은
밤새,
가슴에서 울었다

제3부

모래톱에 쓴 편지

먹고 갈래 지고 갈래 * 59
이정표 * 60
초피산 * 62
교동도 개통하다 * 63
말,말,말, * 64
허무 * 65
이동식 화장실 * 66
수탉의 자존심 * 67
거북이의 고백 * 68
모과 * 69

순풍산부인과 * 70
가는 여름 * 71
석탑이 말하다 * 72
모래톱에 쓴 편지 * 74
소나기 2 * 75
장마 * 76
산책을 하며 * 77
새해는요 * 78
까치 설날의 방앗간 풍경 * 80

먹고 갈래 지고 갈래

종로 3가 사거리 대로변
지는 해에 땅따먹기 하던 손
툭툭 털고
실버들이 모여드는 타운

마냥 울려 퍼지는
은은한 색소폰 소리만 있을 뿐
여기에 오는 이 모두
는개처럼 피어오르는
은빛 머리칼 또한 삶의 훈장이다

조명 아래 눈을 지그시 감은
저 노신사
먹고 갈래 지고 갈래
아직도 해답을 찾는 듯

이름표

딱 어울리는 이름은 무엇일까?

아내에서 엄마로
엄마에서 전도사로
전도사에서 할머니로
할머니에서 시인으로
세월이 붙여준 이름이다.

그 몫이 궁금하여
저울에 달아보니 평행선이다
지천명 한참 지나
시인이란 이름표 달고
짧지만 굵은 획을 긋기 위해
열정을 다하며
눈금을 보지만 혈압만 올라간다

딱 3일만
이 세상을 떠나고 싶다
어떤 이름표에 동그라미를 쳐 줄지

초피산

하늘을 찌를 듯
화살촉 같은 산
아랫마을
강화 지킴이 탱자나무
장승처럼 서 있다

온종일 달려온 태양
초피산 속으로 사라진 후
오가는 발길 뜸해지고

재 너머 시집간 누이 온다는 기별에
초피산에 둥근달 걸렸는데도
어머니 나가신 후 아직도
캄캄 무소식이다 .

※초피산:강화군 화도면 사기리와 덕포리 사이의 산.

교동도喬桐島 개통하다

섬 안에 섬
문명이 비켜간 동화 같은 교동도
강화 본 도島로 이어주는 교
동도가 가슴 열어
호수처럼 드넓은
난정 저수지를 펼쳐 보인다

교동 평야
논두렁 여기저기
깍지 동으로 말아 놓은 볏짚 단은
난정 저수지 산실의 흔적이다

섬 한 바퀴 돌아 나오는데
세월에 묻힌 님의 자취 캐 보라
수행 중인 노송 발목을 잡는다

※교동:강화군에 속한 섬.
　　고려 시대 왕족들의 귀양살이. 연산군의 유배지

말, 말, 말

대로변 사거리에 자리한
  미용실

참새, 방앗간 지나치지 못하듯
오고 가는 길에
수다쟁이 들러 가는 곳이다

이곳에 가면 입맛대로
깎고 볶고 지져대는 소리 요란한데
요즘 떠도는 메르스라는
바이러스 한 움큼 물어온 여자

퍼질러 앉아
쉬지 않고 찧어대는 입방아
풍선처럼 부풀리고 일파만파
깃털보다 가벼운 입소문
핫 ―도그 다

허무

공원 벤치에 앉아 있을 때
툭!
발등으로 떨어지는
나뭇잎 한 장

먼저 떨어져도
하늘 아래
나중에 떨어져도
하늘 아래

앞서거니 뒤서거니
아귀다툼하여도
인생은
한 장의 나뭇잎
언제 떨어질지 모르는

이동식 화장실

사각으로 만들어진
어둑 컴컴한 밀실에 갇힌 생명들
암호 문자를 푼다

ㅏ ㅑ ㅓ ㅕ ㅗ ㅛ ㅡ ㅣ

단 하나
살 길은 오로지
암호를 해독 하는 것뿐
오늘도 온몸으로 풀어 보지만
열리지 않는 자물쇠

그러나
탈출하는 그날까지
희망의 끈을 놓지 못하는 생명

수탉의 자존심

홰치는 소리로 새벽을 깨운다
좌절하고 넘어진 자들이여
어제는 어제일 뿐
오늘이 또다시 있지 않은가

목을 꼿꼿하게 세우고
시뻘건 힘줄이 나오도록 큰소리로
이른 아침 식솔들을 깨우는
대감의 헛기침,

홍포자락 걸치고 의관을 갖춰
오늘도 행차시다
걸음걸이도 위풍당당
사내의 자존심이다

거북이의 고백

느림보라고 손가락질하며
던지는 말 한마디
상처될 이유는 없다

허울 좋은 그대처럼
개살구이기보다는
타고 난 운명인데
원망하는 마음 조급한 일
부아 날 일은 더욱 아니다

때론 느림의 미학이
당신에게도 필요하다는 걸
보여줄 수 있는 것이
얼마나 다행인가

모과

오지항아리처럼
투박한 몸에서
품어 나오는 향기
순박함 그대로다

아프로디테 앞에서도 도도한

황금빛은
붓 터치한 은은한 기운
맛깔스러운 성깔
정적인 인격
단하나, 내세우는 자존심이다

※아프로디테:사랑과 미의 여신이다.

순풍산부인과
-문학 강의실에서-

계산동 00번지 문예창작 교실
튼실한 아이를 낳고 싶은
결혼 1년 차, 3년 차, 5년 차
심지어 10년 차

베테랑 원장님
진찰실에 들어서자마자
건강한 아이를 출산하려면
서두르지 말고
영양섭취로 최선을 다하라
대쉬하라, 별을 딸 수 있을 때까지
열정이 넘치도록 침 튀긴다

겉치레 분단장하던 이
자궁이 튼튼한가 자가 진단하느라
오늘도 초만원이다

금줄 거는 그 날을 위하여

가는 여름

용광로처럼 이글거리는
태양을 머리에 이고
견디다 못해
강물에 빠져버린

저 산

하, 보기 민망해
그렇게 달아나는가
너, 여름아.

석탑이 말하다

그대,
오늘도 애타도록 마음 모아
재가 되도록 불사르는 이
지켜보는 이 심정을
생각해 보았는가

그대,
내 몸 군데군데 서른 이끼는
버거웠던 삶 놓고 간 이
가슴 저린
퍼런 멍이라는 걸
마음 아파해본 적 있는가

그대,
날마다 이른 새벽바람 데려와

향나무 잣나무 향 날리어
그대들의 소원을
대웅전에 올리는 기도란 걸
알고 있었는가

모래톱에 쓴 편지

시를 쓰는 일이 어려울 때는
이별을 생각한다
이른아침, 눈을 마주친
하늘로 날아 오르는 새처럼
이별은 어쩌면 그런 거라고

구순 엄마의 야윈 손을 잡고
제주 바닷가를 왔다
어쩌면 이별의 예감이
시 쓰는 일 또한
눈물속에서 케내는지도

이젠, 잊어야 할 일
하나 하나 지워야 한다
파도가 게워 낸 모래톱에
바닷새 발자국
바람에 날리어 지워지듯이

소나기 2

저, 거침없고 재빠른 손놀림

후둑 후둑 후두둑
후박나무 벽오동 떡갈나무

초록들을
두드릴 때마다
신들린 몸짓

뜰에도 창밖에도
쉬임 없이 두들기는 난타
거칠게 그리고,
후련하도록 휘갈기는
퍼포먼스

장마

예나 지금이나
치근덕대긴 마찬가지다
필연의 불청객
한 달만 동거하잔다

퀴퀴한 냄새
끈끈이처럼 달라붙는
뻔뻔한 넉살

늙은 사내처럼 귀찮은 존재
하지만 어쩌겠는가
8월의 태양이 밀어내는
그 날까지 동거할밖에

산책을 하며

물두멍 같은 호숫가
비릿하고도 풋풋한 냄새는
콧구멍을 벌렁거리게 하고

산길 가장자리에 앉은
찔레는
꽃다발 한 아름 안겨주며
마중한다

뽀르르 뽀르르
어느새 나는
산새들 합창에 맞춰
봄처녀 제~오시네를
지휘하고 있다.

새해는요

새해는요
아침 창 열었을 때의 신선함 그대로
늘 인연 되어 오는 것들에게
감사한 마음으로 하루를 보내며
반복되는 단조로움에 지치지 않게 하고
비록, 하찮은 일이라도 마음 두게 하소서

새해는요
보는 눈은 초승달이 되게 하고
내려놓는 것에는 둥근달이 되게 하소서
귀는 열어 두고 한치 혀는
한 템을 두어 더디 말하게 하소서

새해는요
청아한 새소리에 두 손 모아
감사 기도드리는 나를 발견하고 비로소
그 감격의 눈물로 인하여
나 스스로 놀라는 겸손을 알게 하소서

새해는요
2016년 365일 하루하루
아침의 풀잎처럼 싱그럽게 하여
날마다 저물녘이면 "오늘도 공부를 못 하였네."라고 말했다는
여느 수행자처럼
반성하는 마음을 가지게 하소서

까치설날의 방앗간 풍경

녹두 한 되 들고 간 두운 방앗간
맷돌에 갈리는 하얀 알갱이
절벽에 얼어붙은 빙벽이
녹아 흐르는 것 같다

꾸러미 들고 온 이들 북적이고
빙벽의 고드름 같은
하얀 가래떡이
주르룩 미끄럼 탄다

뜨거운 철판에
몸을 온전히 던지고 난 후 비로소
소반에 담길 빈대떡처럼
질퍽하게 사는 인생사
그 속에 오롯이 담겨
고소하고 아삭한 맛으로 어우러져
맛깔스런 삶이었으면.

제4부

그렇더이다

씨 오쟁이 * 83
핏줄 * 84
가랑잎 * 85
세월아 * 86
공(空) * 87
공(空) 2 * 88
나무젓가락의 변(辯) * 89
그렇더이다 * 90
노부부 * 91

비밀 * 92
지움 * 93
가을 타는 여심 * 94
빨래의 변(辯) * 95
채무자의 양심 * 96
늙은 호박의 독백 * 98
보길도 * 100
백목련 * 102

씨 오쟁이

훈장처럼 남아 있는
곳간에 시렁은
세월이 갈아먹은
흔적이다

올망졸망 6남매
치맛자락 품어 앉았던
엄마처럼

햇살의 품에 안겨
발아의 날 기다리며
마음은 벌써
텃밭에 앉아 있다

핏줄

왜, 나는 형제의 이름을 부르면 눈물이 날까
한나절이면 오가는 길인데
행복했던 유년의 강을 건너고 싶어서 일까
아니면 여기까지 온 것이 감사해서 그럴까
왜!
서로의 삶이 그토록 멀게만 느껴졌는지
언제나 내 가까이
별처럼 아름다운 그대들이 있고
어떻게 사느냐 묻지 않아도 서로의 가슴에
꽃처럼 피어 있음을 이제야 볼 수 있었는지

오늘같이 좋은 날에
이제는 더 그리워하지 않아도
다시는 눈물로 부르지 않을 것을
마음 깊이 새깁니다
옛 둥지가 그리워
마지막 生의 가파른 언덕을 오르시는
엄마 치맛자락에 매달린 우리 오남매
오늘의 제주 여행이 잊을 수 없는
추억이 되길

2016.9.2 구순의 엄마와 가족여행을 떠난 제주도에서. 맏이가.

가랑잎

무서리 내린 아침햇살에
풀 죽어 있는 모습
차라리 모르는 척 했다

촉촉하게
눈물이 맺힌 걸 보니
밤새 혼자 삭히고 있는 거 같아서

왜 아니 그렇겠는가?
가야 한다는 가슴앓이에
까칠한 살갗
떠난다는 건
말 못 할 아픔이었을 거야

등뼈 마디 맥없이 사그라지는

세월아

가고 싶지 않아도
네 앞에선 어찌할 수 없는가

마음은 그대로인데
스치는 바람에도
흔적을 남기고 간 너
다시 그리고 싶은
푸른 날의 자화상인데

옷걸이에 걸린
낡고 헐렁해진 옷처럼 변해버린
거울 앞에
서 있는 여인이 아닌
무지갯빛 꿈꾸던
그 시절로 데려다 다오

공(空)

채워도
채워도
빈 가슴이더라

먼 길
돌아왔을 뿐
제자리더라

작은 상처는
솔바람도
가슴이 아리더라

제자리에 서니
서녘에 기우는 황혼이더라.

공(空) 2

탁 트인 석모도 바다를
한눈에 들인 보문사
갈매기의 등을 타고 노는
바다 위로 바람이 푸르다

너럭바위 깔고 앉은
낙가산 눈썹바위 부처
한 번쯤, 피 흘린 상처
정화하고 싶어 합장한 중생
자애로운 미소로 아픔을 어른다

삶은 모름지기 홀로 가는 길
묵상하며 탐욕을 버리니
부처의 눈에 담은 세상이 보인다
거기,
내 영혼이 찾아가고

나무젓가락의 변(辯)

업신여기지 마라
나의 소임은 신성한 노동이다
하여, 까닭 없는 횡포에 모가지가 꺾이거나
잡 통에 들어가는 삶일지라도
기꺼이 내어 준다

때로는
휘모리장단도 맞추지만
아픔을 겪지 않고서야
흘린 눈물을 너희가 어찌 알겠는가

윤택한 삶이라고
여정 다하기 전엔 단언치 마라
누군들, 푸른 꿈 안고
하늘을 보던 때가 없었겠느냐.

그렇더이다

살다 보면
평생 변하지 않을 것 같던
장밋빛 열정도
여름 장마에 곰팡이 피듯
푸르게 변하더이다

눈앞에 잡힐 것 같아
쫓아가다 가도
아침 안개처럼 사라진
솔로몬 왕을
생각하게 되더이다

나뭇가지 다부지게 움켜잡은 새도
세찬 바람은 피할 수 없듯이
세상사 마음대로 안 된다는 걸
후에야 알게 되더이다
다 그런 것 이더이다

노부부

더 이상
무슨 말이 필요한가
두 손 꼭 잡고
걸어가는
뒷모습
노을에 비친
잎새
두 잎의
아름다움이다

비밀

가을바람
호수에 물무늬 그려가 듯
깊어진 사랑

가을이 가기 전에 고백하리라

당신의 마음을 훔쳐
내 가슴에 담았다고

지움

보석처럼
담아 두었던
가슴 깊은 곳에
그대

툭, 떨어지는
낙엽과 함께
묻는다.

가을 타는 여심

은하수에 붓 찍었더니
파랗게 물든 마음이
묻어 나왔습니다

파란 마음은
애닮은 그리움 일지도
모른다는 생각을 하였습니다

먼 산 바라보다가
단풍처럼
내 가슴도
빨갛게 물들었습니다

빨래의 변(辯)

탁탁 털어보라
물고문을 하라
태장을 치다가 거꾸로 세워
물고문을 다시 해도
형벌일 뿐, 의미 없는 일

오해하지 마라
억지 쓰지 마라
털어 먼지 나지 않는 놈
어디 있으리
무관한 일이다

모가지를 비틀어
뜨거운 태양아래
걸어 놓는다 해도
설혹, 날아 있는 먼지 한 톨
바람에 탁탁 털어
청빈한 마음인 걸 보여주리라

채무자의 양심

삼성리 회관 앞
불침번 서는 가로등 잠깐 졸고 있는 사이
누구인지 양심을 놓고 갔다

하얀 도포에 상투 틀어 올린
그 양반, 가리지 않고 먹었는지
탱탱하게 불룩한 배
소화 불량인지
옆구리로 배설물이 줄줄 샌다

벽면에 빨간 글씨로
"버려진 양심 가져가시오"라고
쓰인 글씨가
"인생의 종착역이니 내리시오" 로 보였다

순간, 평생 버거웠던 삶 속에
허접스레 버려졌을 양심을 주워
하나, 둘 밑줄을 그어 본다

돌이킬 수만 있다면
머릿속에 숨겨둔 버려졌던 양심
말갛게 헹구어
하현달 지듯 그렇게
아무런 빚 없이 떠나고 싶다.

늙은 호박의 독백

나를 빗대어
줄 긋는다고
수박 되느냐 비아냥거리고
천하게 보아도
속까지 주는 일은
내 자존심이다

동지섣달 긴긴밤
생살 싹싹 썰어 가마솥에 넣고
팍팍 삶아 노골 하여진 나를
가루 풀어 범벅을 만들고
그대 손길 닫기를 소원한다

표적이 되더라도
조롱하는 이 앞에

배알조차 던지고
다, 내주는데
묻고 싶다, 당신도
그럴 수 있는가.

보길도에서

세연정에 노송 한그루
굵은 뼈마디
세월이 켜켜이 접혀 있다

세연지에
속살 같은 안개
노송 품 속으로 파고드는데
휘어진 가지는
무희의 소매 끝 춤사위 같아
길손의 눈길을 모은다

세상에 갇히고 싶지 않았던
선비 윤선도
대붕大鵬처럼 자유 하고
어부사시사 읊조리다

허공에 걸린 것 같은
운무 속 동천석실東天石室을 그윽이 바라보며
노송과 벗하였으리라

※대붕大鵬 : 날개의 길이가 삼천리이며 하루에
          구만리 날아간다는 상상의 새.
※어부사시사 : 고산 윤선도의 작품 중 하나(시조).

백목련

북풍에
관절이 꺾이는 아픔도
가슴에 품고

오로지, 한 마음으로
벙글어 가는
순백의 사랑

온 천하에 보이도록
연서를 쓰려고
하늘을 향해
하얀 붓 들었다

제5부

그럼에도 불구하고

강화 돈대 * 105
새해를 맞이하며 * 106
선풍기 * 107
또다시 * 108
돌의 항변 * 109
장산호수 * 110
여름을 보내다 * 111
소쩍새 우는데 * 112
팽목 바다 * 113
천안함 앞에서 * 114
이런 詩를 쓰고 싶다 * 115
소록도에서 * 116
그래 봤으면 * 118
필의 고백 * 120
자갈치 아지매 * 121
보홀 바다에서 * 122
명시를 만나다 * 124
그럼에도 불구하고 * 125

강화 돈대

들어본 적 있는가
돈대의 허리를 휘돌아
허옇게 찢어지는
파도의 울음을

혼자 울지 못해
절벽을 할퀴는
천년 한의 고백 같은

뱃사공과 노병과 민초들이
철퍼덕 주저앉아 우는
찔레꽃 애절한 향기

구슬픈 바다의 흐느낌, 귀 기울인 적 있는가

새해를 맞이하며

지난날 무심히 버려진
널브러진 날들을
주섬주섬 주워 모아
간밤에 하얗게 날려버렸습니다.

가만가만
첫사랑으로 다가오듯
보랏빛 꿈을 안고
그대 오신다기에
빗장도 열어 두었지요

아침햇살 같은 그대
환한 웃음으로 맞이할
벙그는 마음은 벌써 쌍무지개 뜨는 언덕에
함박꽃으로 활짝 피어나고 있네요

선풍기

한쪽 날개 부러진 채로
몸이 망가졌다

관절이 꺾이고
뼈를 깎인 고된 삶이라도
그대 위해서라면
이 세상 겁날 것 없었다

오기와 배짱
아버지도 그랬다
밥숟갈 놓던 그 날까지.

또다시

하루해가 서녘에
붉게 물드는 하루
고단한 삶 주섬주섬 꺼내
툴툴 털어버리니
막장 드라마 같은 하루도
평행선이다

반복되는 어제와 오늘이
무엇이 다를까마는
오만과 자만을 내려놓으니
깃털처럼 가볍다

하여, 하루를 지운다
내일을 꿈꾸며

돌의 항변(抗辯)

아무도 눈길을 주지 않는다
하찮은 돌이라고.
그러나
보이는 것만으로 논하지 마라
보이지 않는 것이 보이는 것보다 더
오묘하다는 걸 모른다면,

조각가는
내 몸에 생명을 불어넣어
생각하는 사람을 낳지 않았는가.

이젠, 말할 수 있다. 그 옛날부터
와불이었다고
절 마당 한가운데 서 있을
석탑이었다고
그리고 또 다른
심안을 가진 자만의 보배란 것도.

장산 호수

머들령 가을 산
물속에서 전시회를 한다
저 수많은 형형색색 그림의
화가를 만나고 싶다

호수가 하도 맑아
얼굴을 빠트렸다
오목렌즈로 찾아본 얼굴
피에로 어릿광대이다

금산군 추부면 요광리에 자리한
하늘 물빛 정원에서
가슴에 담아 온 장산 호수지킴이
500년산 편백나무
우리집 앞마당에 심었다

※장산호수:충남 금산군 추부면에 있는 호수

여름을 보내다

푸른 날에
누구인들 한 때
마음 녹았던 적 없었던가

두고 가는 마음
보내야 하는 심정
별반 다를까만 돌아보지 마오

꽃 시절 지나
이젠, 스치는 바람에도
사위어 흔들리는 대공

접었던 한 페이지
다시 편다 할지라도
속내 감추며
끝내, 보냈습니다.

소쩍새 우는데

누구의 넋이런가
무에 그리 서러운가

구멍 난 가슴
후벼 파 듯
이산 저산
흔들어 놓아
아려오는데

또, 어찌하라고.

팽목 바다

맹골 수도 칼바람도
회칼로 저미고 난도질하는 것 같은
피멍 든 가슴만 하랴

여린 가지들 꺾이고 부러지던 날
별빛마저 눈 감아 칠흑 같던 밤은
차라리 어미도 그랬으면 했다

목숨을 부지하며
하루하루 산다는 건
버틸 수도 지탱할 수도 없는
형벌이었기에

하여, 팽목 바다도
지퍼 속에 세상을 품고
입 닫아버렸다

천안함 앞에서

가슴에서 솟구쳐 오르는 울분
뜨거운 불덩이는
47명의 혼불이었구려

포연에 산화된 그대여
가슴으로 관통하여
갈기갈기 찢기고
구겨진 천안함은 그대들의 심장

그대여, 이곳을 찾는 이
가슴에 횃불로 타오를 것이니
고이 영면하소서
그대가 심어놓은 충심은 고이 가꾸리다.

이런 詩를 쓰고 싶다

삶의 줄이 팽팽하거나
요즘처럼 어수선한 세상일 때
마음 담글 수 있는

엄동설한에 따끈한 해장국 같이
속을 풀어주고
한여름에 냉수 같은

말하자면 산 넘어 불어오는
산들바람 같고
뻥 뚫린 샘물의 원천 같은
그런 시 한 편이라도 쓸 수 있다면.

소록도에서

누가 그대를 외면하고
침, 뱉으며 돌을 던졌소
어느 누가 당신보다
깨끗하다 하였소

교만과 자만으로 덧 씌워진
세속의 묻은 때
심안과 영안의 거울로 닦은 후에야
벽화에 새겨 놓은 그대
새끼 사슴의 해맑은
눈망울을 가진 천사였음을
볼 수 있음인데
낮아질 때 영혼의 맑아짐도.

그대여!
그대의 손을 잡을 때
비로소 주님도 내 손을

잡는다는 것을
느낄 수 있었다오.

※2015.11.5 소록도 여행 헌지에서.

그래 봤으면

실태래 엉키듯 가파른 언덕길
끝이 보이지 않을 때도
아닌 척 담담하게 웃어 보였지

무도회 주연이 되고 싶어
덕지덕지 분칠 하며
민낯을 보이기 싫어했지

싸매고 숨겼던 지난날
이젠, 벗어던지고
행선지가 없더라도
마음 가는 대로 떠나 봤으면

우연이라도
가는 길 어디쯤에서
마음 맞는 이 만나
노닥거리며 퍼질러 앉아
목젖이 보이도록
호탕하게 웃어 봤으면

한 번쯤, 한 번쯤은
그냥 미친 척 웃다가
푸념도 하다가
낙엽을 밟으며
눈시울 붉어지면
시몽도 불러 보고 싶다

필(筆)의 고백

어차피 한 세상 살다 가는 길
그대 위해
기꺼이 내어 주었다

화산이 분출하는 마그마처럼
그대의 손 끝으로
써 내려간 퍼포먼스

무뎌지고 살점이 으스러지는
내 삶
마지막으로 쓰여 진
핏빛보다 붉은 석양 같은
휘필 한 점
뒷산에 걸어 두고 싶다.

자갈치 아지매

갓 잡은 도다리처럼 활력이 넘치는
부산 자갈치 어시장
상인들이 북적대는 틈새로
바닷물이 들고나면
좌판에 얹어 놓은 생선들
자갈치 아지매의 입속에서
파도를 가르며 헤엄친다

화덕에 김치 넣어 올려놓은
탱탱 부른 밥알
우럭 지느러미처럼 곧추서서
오가는 발길 부르고
비린내 나는 지폐 몇 장
고단한 삶 끌고 가는
어두운 골목 밝혀주는 등불이다

보홀 바다에서

버리지도 못하는
벌레 먹은 복숭아 한입 문 것 같은
멀컹한 삶의 여정은
잠시 보홀 바다에 던졌습니다

보홀 바다에 유화를 그리는
구름의 손놀림이 기이하여
물결도 침묵하며 숨 고르기 해
이곳까지 따라온 고단한 삶은
태평양 바다에 던졌습니다

아득한 수평선은
한 시인의 발길을 묶어 놓고
두 겹으로 되었다가
한 겹 일자로 입을 다물며

시 한 편 써 보라 합니다
아낌없이 풀어놓은 잉크에

※보홀 바다:필리핀에 있는 보홀 섬의 바다

명시(名詩)를 만나다

잉크도 채 마르지 않은 시집
빼곡하게 담긴 시어가
꿈틀거린다

오롯한 고향이 들어 있고
아릿한 향수 가득 한
청정 숲 속 같은
쉼터가 여기에 있으니
냉수 한 사발
벌컥벌컥 들이키 듯
갈증을 풀어주는
해법 사가 아니던가

팽팽했던 삶 모두 내려놓고
목젖이 보이도록
호탕하게 웃으며
위로와 안식으로
담금질을 하리라

그럼에도 불구하고

마라톤으로 달려왔다
살다 보면 한 번쯤
호탕하게 웃을 날도 있을 거라며

덕지덕지 장애물이
어디 한둘이었으랴마는
진구렁을 지날 때도
절망하지 않았음은
또다시
내일의 태양을 바라봄이었으리라

삶의 긴 여정
매정한 세월 앞에
오늘도 당당하게 도전장을 던진다

이 도서의 국립중앙도서관 출판예정도서목록(CIP)은 서지정보유통지원시스템 홈페이지(http://seoji.nl.go.kr)와 국가자료공동목록시스템(http://www.nl.go.kr/kolisnet)에서 이용하실 수 있습니다. (CIP제어번호 : CIP2016023490)

김선옥 시집

세 글 자

초판 인쇄 | 2016년 10월 10일
초판 발행 | 2016년 10월 15일

지 은 이 | 김 선 옥
펴 낸 이 | 장 영 동
편　　집 | 박 재 근

펴 낸 곳 | 도서출판 예　인
등　　록 | 제2016-000006호
주　　소 | 김해시 금관대로 1183번길 13-13
전　　화 | (055)338-9008
팩　　스 | (055)323-9357

값 10,000원

※잘못된 책은 바꾸어 드립니다.
※저자와의 협의에 의해 인지는 생략합니다.